Sistemas Inteligentes
Que
Conecta con todo
El Mundo

Luis Angel Rivera Sulca

DEDICATORIA

A todos los visionaries que se atreven a imaginar un futuro mejor.
A los ingenieros, científicos, innovadores y soñadores que trabajan
incansablemente para resolver los desafíos más complejos con creatividad y
responsabilidad.
A las nuevas generaciones, para que encuentren en estas páginas la inspiración
para construir un mundo más conectado, sostenible y equitativo.
Y, sobre todo, a quienes reconocen que la tecnología no solo debe
transformer el entorno, sino también enriquecer nuestras vidas con propósito
y humanidad.
Este libro es para ustedes, los arquitectos del mañana. Con admiración y
Esperanza, **LUIS RIVERA**

CONTENIDO

AGRADECIMIENTOS

Quiero expresar mi más sincero agradecimiento a todas las personas que han sido fundamentales en la realización de este libro:

A mi familia, por su apoyo incondicional, paciciencia y motivación en cada paso de este camino. Su confianza en mí ha sido el impulse necesario para perseguir mis metas.

A mis amigos y colegas, por las conversaciones inspiradoras, los desafíos intelectuales y las perspectivas valiosas que han enriquecido este Proyecto. Ustedes me han ayudado a ampliar mi vision y superar límites.

A mis maestros y mentores, por inculcarme el amor por el aprendizaje y por guiarme con sabiduría durante mi crecimiento profesional. Su enseñanza no solo me brindó conocimientos, sino también la confianza para explorer nuevas fronteras.

A los ingenireos, científicos y creadores que me inspiran cada día. Este libro busca ser un humilde aporte a la comunidad que trabaja para construir un futuro más prometedor y sostenible.

Y finalmente, a los lectores, por su interés y curiosidad. Este libro fue escrito con la Esperanza de que les inspire tanto como me ha inspirado a mí desarrollarlo.

A todos ustedes, gracias por ser parte de este viaje. Sin su apoyo, este sueño no sería possible.

1 INTRODUCCIÓN A LOS SISTEMAS INTELIGENTES

1.1. ¿Qué son los sistemas inteligentes?

Los sistemas inteligentes representan una intersección revolucionaria entre la tecnología y la inteligencia artificial (IA), diseñados para imitar o superar las capacidades humanas en tareas específicas. En esencia, un sistema inteligente es un conjunto de componentes integrados que recopilan, procesan y analizan datos para tomar decisiones autónomas o semiautónomas, ajustándose a entornos dinámicos y cambiantes.

La base de los sistemas inteligentes radica en la capacidad de aprendizaje y adaptación. Esto se logra a través de algoritmos de aprendizaje automático, que permiten al sistema mejorar su rendimiento al interactuar con datos nuevos. A diferencia de los sistemas tradicionales, los sistemas inteligentes no solo ejecutan instrucciones preprogramadas; son capaces de identificar patrones, prever comportamientos futuros y optimizar resultados sin intervención humana constante.

Una de las características más destacadas de estos sistemas es su diversidad de aplicaciones. Se encuentran en una amplia gama de sectores, como la salud, el transporte, la industria y las ciudades inteligentes. Por ejemplo, un sistema inteligente en el ámbito médico puede analizar resultados de laboratorio, correlacionarlos con historiales clínicos y sugerir diagnósticos o tratamientos personalizados. En la industria, los sistemas inteligentes supervisan procesos de manufactura, detectan anomalías en tiempo real y realizan ajustes automáticos para maximizar la eficiencia.

Sin embargo, los sistemas inteligentes también plantean desafíos significativos. La ética, la transparencia y la seguridad son preocupaciones clave, ya que las decisiones autónomas pueden tener impactos sociales y económicos importantes. Además, garantizar que estos sistemas sean justos y libres de sesgos inherentes requiere un diseño y pruebas meticulosos.

1.2.   La Evolución de la Inteligencia Artificial y su impacto

La inteligencia artificial (IA) ha recorrido un extenso camino desde sus inicios en las décadas de 1940 y 1950, cuando matemáticos como Alan Turing sentaron las bases al explorar si las máquinas podían "pensar". En sus primeras etapas, la IA se limitaba a resolver problemas básicos mediante algoritmos matemáticos. Sin embargo, el desarrollo de la informática y el acceso a grandes volúmenes de datos impulsaron su crecimiento, llevándola de simples programas a sistemas cada vez más complejos.

En la década de 1980, surgió el aprendizaje automático (machine learning), una rama de la IA que permitió a las máquinas identificar patrones y "aprender" de datos sin instrucciones explícitas. Esta revolución fue posible gracias a avances en hardware, como la creación de procesadores más potentes. A partir de los años 2010, el desarrollo de redes neuronales profundas (deep learning) marcó un hito, permitiendo a los sistemas de IA analizar y procesar datos no estructurados, como imágenes y sonidos, con una precisión similar o incluso superior a la humana.

El impacto de la IA en la sociedad moderna es innegable. En la medicina, ha transformado el diagnóstico de enfermedades, permitiendo detectar anomalías en imágenes médicas de manera más rápida y precisa. En la industria, ha optimizado cadenas de suministro, aumentado la productividad y mejorado la seguridad en procesos peligrosos. Además, en la vida cotidiana, la IA impulsa asistentes virtuales, plataformas de recomendación y tecnologías de conducción autónoma.

Sin embargo, el auge de la IA también plantea importantes desafíos. La automatización amenaza ciertos empleos, generando preocupaciones económicas y sociales. Asimismo, la privacidad, la seguridad y la ética son cuestiones críticas que demandan una regulación y supervisión responsables.

En definitiva, la evolución de la IA no solo refleja avances tecnológicos, sino también una transformación radical en cómo interactuamos con el mundo, configurando el presente y definiendo el futuro.

1.3.   Importancia en un Mundo Interconectado

En un mundo cada vez más interconectado, los sistemas inteligentes desempeñan un papel crucial en la forma en que las personas, las organizaciones y las sociedades interactúan entre sí. La globalización y los avances tecnológicos han tejido una red compleja de conexiones económicas, sociales y culturales, donde la capacidad de integrar y gestionar información en tiempo real es fundamental para el progreso y la sostenibilidad.

La interconexión global significa que los eventos en un lugar pueden tener repercusiones inmediatas en otra parte del mundo. En este contexto, los sistemas inteligentes actúan como herramientas esenciales para analizar grandes volúmenes de datos y responder con rapidez. Por ejemplo, en la economía, las plataformas de análisis predictivo permiten a las empresas anticipar cambios en el mercado y optimizar cadenas de suministro internacionales. En la salud pública, los sistemas inteligentes son fundamentales para monitorear pandemias, identificar patrones de propagación y coordinar esfuerzos de mitigación a nivel global.

Además, en las ciudades inteligentes, la interconexión entre dispositivos y sistemas mejora la calidad de vida al gestionar eficientemente recursos como energía, agua y transporte. La capacidad de un sistema para analizar datos provenientes de múltiples fuentes en una red urbana permite reducir la congestión, minimizar el consumo energético y brindar servicios personalizados a los ciudadanos.

Sin embargo, esta interconexión también plantea desafíos. La creciente dependencia de sistemas interconectados genera vulnerabilidades en ciberseguridad y aumenta la necesidad de proteger la privacidad de los datos. Asimismo, requiere esfuerzos conjuntos para asegurar que las tecnologías sean inclusivas y accesibles, evitando la brecha digital.

En este mundo interconectado, los sistemas inteligentes no solo son herramientas tecnológicas, sino pilares para construir una sociedad más resiliente, eficiente y equitativa. Su desarrollo y aplicación responsable son esenciales para enfrentar los retos de un futuro cada vez más interdependiente.

2 FUNDAMENTOS DE LA INGENIERÍA DE SISTEMAS INTELIGENTES

2.1. Conceptos clave y principios básicos

La Ingeniería de Sistemas se fundamenta en una serie de conceptos clave y principios básicos que permiten a los ingenieros diseñar, desarrollar y gestionar sistemas complejos de manera eficiente y efectiva. Estos fundamentos no solo guían el proceso técnico, sino que también aseguran que los sistemas cumplan con los objetivos específicos para los que fueron creados, maximizando su rendimiento y sostenibilidad.

Uno de los conceptos clave es el **enfoque sistémico**, que se basa en considerar un sistema como un conjunto de elementos interrelacionados que trabajan de manera coordinada para alcanzar un propósito común. Este enfoque permite identificar cómo cada componente influye en el funcionamiento general del sistema, optimizando su diseño y operación.

El **ciclo de vida del sistema** es otro principio esencial. Desde su concepción hasta su retiro, un sistema pasa por varias etapas: diseño, desarrollo, implementación, operación y mantenimiento. Comprender y gestionar adecuadamente cada una de estas fases asegura que el sistema cumpla con los estándares de calidad, presupuesto y cronograma establecidos.

La **modularidad** es otro concepto crítico. Un sistema modular está compuesto por subsistemas o módulos independientes que pueden desarrollarse, probarse y reemplazarse sin afectar significativamente al resto del sistema. Esto no solo simplifica la gestión, sino que también aumenta la flexibilidad y escalabilidad.

El **análisis y modelado** de sistemas es igualmente importante. Utilizando herramientas como diagramas de flujo, simulaciones y algoritmos, los ingenieros pueden prever el comportamiento de un sistema antes de su implementación, identificando posibles problemas y optimizando su rendimiento.

En última instancia, estos conceptos y principios básicos permiten a los ingenieros abordar problemas complejos de manera estructurada y eficiente. Su dominio es esencial para garantizar que los sistemas diseñados no solo sean técnicamente viables, sino también sostenibles, seguros y alineados con las necesidades humanas y sociales.

2.2.   Integración de tecnologías: IA, IoT y Big Data

La convergencia de tecnologías como la inteligencia artificial (IA), el Internet de las cosas (IoT) y el Big Data ha transformado la manera en que operan los sistemas modernos, estableciendo una base sólida para la creación de soluciones innovadoras y eficientes. La integración de estas tecnologías ha permitido superar los límites de lo que los sistemas tradicionales pueden lograr, facilitando una interacción más fluida entre dispositivos, datos y procesos.

La **inteligencia artificial** aporta la capacidad de analizar y aprender de los datos recopilados, automatizando decisiones y mejorando el rendimiento en tiempo real. Esto es especialmente relevante en entornos complejos, donde los sistemas necesitan adaptarse rápidamente a cambios en el entorno. Por ejemplo, un sistema inteligente puede predecir fallos en maquinaria industrial al analizar patrones anómalos en los datos, anticipándose a problemas antes de que ocurran.

El **Internet de las cosas (IoT)**, por su parte, conecta dispositivos físicos y digitales, permitiendo una comunicación constante entre ellos. Sensores y actuadores recopilan datos de su entorno y los envían a sistemas centrales para su procesamiento. Un ejemplo cotidiano es el de las ciudades inteligentes, donde semáforos conectados optimizan el flujo vehicular en función del tráfico en tiempo real.

El **Big Data** proporciona el marco para manejar y analizar los vastos volúmenes de datos generados por los dispositivos IoT. A través de herramientas avanzadas de análisis, los datos pueden ser procesados para extraer información valiosa que impulse la toma de decisiones estratégicas. Esto es crucial en áreas como la salud, donde grandes conjuntos de datos genómicos y clínicos pueden analizarse para personalizar tratamientos y mejorar resultados.

La integración de IA, IoT y Big Data no solo maximiza la eficiencia y funcionalidad de los sistemas, sino que también impulsa la innovación, permitiendo soluciones más creativas e impactantes en un mundo interconectado. La clave está en garantizar que esta integración sea segura, ética y sostenible.

2.3. El ciclo de vida de un sistema inteligente

El desarrollo de un sistema inteligente sigue un ciclo de vida estructurado que garantiza su eficacia, sostenibilidad y capacidad de adaptación a lo largo del tiempo. Este proceso comprende varias etapas clave, desde su concepción inicial hasta su eventual retirada o actualización.

- **Concepción y planificación**: Esta etapa inicial implica identificar una necesidad específica o un problema que el sistema inteligente pueda resolver. Los ingenieros y diseñadores establecen los objetivos del sistema, las especificaciones técnicas y los recursos necesarios. También se realiza un análisis de viabilidad para evaluar el impacto potencial del sistema.

- **Diseño del sistema**: Aquí se definen la arquitectura y los componentes principales del sistema. Se toman decisiones sobre los algoritmos de inteligencia artificial a implementar, las tecnologías de hardware y software, y la integración con otros sistemas. Además, se desarrollan modelos y simulaciones para prever el comportamiento del sistema en diferentes escenarios.

- **Desarrollo e implementación**: Durante esta fase, se construye el sistema con base en el diseño previo. Los desarrolladores programan algoritmos de aprendizaje automático, configuran dispositivos IoT y establecen canales de comunicación entre los componentes. También se llevan a cabo pruebas iniciales para garantizar que los módulos funcionen correctamente.

- **Pruebas y validación**: En esta etapa, el sistema se somete a pruebas rigurosas para evaluar su rendimiento, precisión y capacidad de adaptación. Esto incluye pruebas en entornos simulados y reales, así como la identificación y corrección de errores o inconsistencias.

- **Despliegue y operación**: Una vez validado, el sistema se pone en funcionamiento en el entorno objetivo. Durante esta fase, se monitorea su desempeño y se recopilan datos para futuras optimizaciones.

- **Mantenimiento y mejora**: Los sistemas inteligentes requieren actualizaciones periódicas para mantenerse relevantes y eficientes. Esto incluye mejorar algoritmos, agregar nuevas funcionalidades y garantizar la seguridad frente a amenazas emergentes.

- **Retiro o actualización**: Finalmente, cuando el sistema alcanza el final de su ciclo de vida útil, se decide su retiro o su actualización completa. Esto implica migrar datos, desmantelar componentes obsoletos y preparar el terreno para una nueva versión.

Este ciclo de vida asegura que los sistemas inteligentes evolucionen continuamente, adaptándose a las necesidades cambiantes de un mundo en constante transformación.

3 DISEÑO Y DESARROLLO DE SISTEMAS INTELIGENTES

3.1. Metodologías de diseño innovadoras

El diseño de sistemas inteligentes requiere metodologías innovadoras que permitan abordar la complejidad y dinamismo de los entornos actuales. Estas metodologías combinan enfoques interdisciplinarios, tecnologías avanzadas y prácticas colaborativas para garantizar que los sistemas sean eficientes, adaptables y sostenibles.

- **Diseño centrado en el usuario**: Esta metodología coloca al usuario final en el centro del proceso de diseño. Consiste en comprender profundamente las necesidades, comportamientos y expectativas del usuario mediante técnicas como encuestas, entrevistas y prototipos interactivos. Esto asegura que el sistema no solo sea funcional, sino también intuitivo y accesible.

- **Prototipado rápido**: Esta práctica implica la creación de versiones iniciales del sistema de manera ágil, para probar ideas y obtener retroalimentación temprana. Herramientas como simuladores y entornos virtuales permiten evaluar diseños antes de invertir en su desarrollo completo, reduciendo costos y riesgos.

- **Metodologías ágiles**: Originadas en el desarrollo de software, las metodologías ágiles, como Scrum y Kanban, se han adaptado al diseño de sistemas inteligentes. Estas se basan en ciclos cortos de desarrollo (sprints), entregas incrementales y la colaboración constante entre equipos multidisciplinarios, lo que permite una mayor flexibilidad y adaptación a cambios.

- **Diseño basado en modelos**: Consiste en la creación de modelos matemáticos y simulaciones para representar el comportamiento del sistema en diversas condiciones. Esto ayuda a prever posibles problemas, optimizar procesos y garantizar la estabilidad del sistema.

- **Co-creación y colaboración interdisciplinaria**: En un mundo interconectado, el diseño innovador requiere integrar perspectivas de diferentes disciplinas, como la ingeniería, la psicología, la economía y la informática. La co-creación con usuarios y expertos fomenta soluciones más completas y efectivas.

Estas metodologías no solo permiten desarrollar sistemas inteligentes más robustos y funcionales, sino que también potencian la creatividad y la innovación, asegurando que las soluciones estén alineadas con los desafíos y necesidades del mundo actual.

3.2.   Modelado y simulación de sistemas

El modelado y la simulación de sistemas son herramientas esenciales en la Ingeniería de Sistemas, ya que permiten analizar, predecir y optimizar el comportamiento de un sistema antes de su implementación. Estas técnicas ofrecen una representación virtual de la realidad, proporcionando una plataforma segura y eficiente para probar diseños, identificar problemas y explorar soluciones.

Modelado de sistemas

El modelado consiste en crear representaciones abstractas o matemáticas de un sistema. Estas representaciones pueden ser diagramas, ecuaciones o gráficos que describen cómo interactúan los componentes del sistema y cómo responden a diferentes condiciones. Existen diversos tipos de modelos, como:

- **Modelos físicos**: Representaciones tangibles de un sistema, como prototipos a escala.

- **Modelos matemáticos**: Descripciones basadas en ecuaciones y relaciones matemáticas que cuantifican el comportamiento del sistema.

- **Modelos conceptuales**: Diagramas o mapas que describen la estructura y funcionamiento general del sistema, como diagramas de flujo o diagramas UML.

Simulación de sistemas

La simulación, por otro lado, utiliza los modelos creados para replicar el funcionamiento de un sistema en un entorno controlado. Mediante software especializado, se pueden analizar escenarios hipotéticos, evaluar el impacto de diferentes variables y observar comportamientos sin necesidad de experimentar directamente con el sistema real. Por ejemplo:

- En la industria, las simulaciones permiten optimizar procesos de manufactura al ajustar variables como tiempo, recursos y costos.

- En la logística, pueden modelar cadenas de suministro para encontrar cuellos de botella y optimizar rutas de distribución.

Beneficios clave

- **Reducción de riesgos**: Identificar problemas en una etapa temprana evita costos asociados a errores en el mundo real.

- **Optimización de recursos**: Permite probar múltiples escenarios sin desperdiciar materiales ni tiempo.

- **Mejora continua**: El análisis iterativo de simulaciones ayuda a perfeccionar el diseño y la operación de sistemas complejos.

El modelado y la simulación no solo potencian el entendimiento profundo de un sistema, sino que también proporcionan un entorno para la innovación, promoviendo soluciones seguras, eficientes y confiables. Estas herramientas son indispensables en el desarrollo de sistemas inteligentes y complejos.

3.3.   Estrategias para gestión de la complejidad

Los sistemas inteligentes y complejos presentan desafíos significativos debido a la cantidad de variables, interacciones y comportamientos dinámicos que implican. Para abordar esta complejidad, es fundamental adoptar estrategias estructuradas y eficientes que permitan diseñar, implementar y mantener sistemas funcionales y sostenibles.

1. División modular

La modularidad es una estrategia clave para gestionar sistemas complejos. Consiste en dividir el sistema en subsistemas o módulos independientes que puedan diseñarse, desarrollarse y probarse por separado. Esto facilita la detección de errores, reduce la interdependencia y permite realizar mejoras o reemplazos sin afectar al sistema completo.

2. Enfoque jerárquico

Implementar jerarquías dentro de un sistema permite organizar componentes en niveles, donde cada nivel gestiona un conjunto específico de funciones. Esta estructura simplifica el control del sistema al reducir la interacción directa entre todos los componentes, permitiendo un enfoque más ordenado y escalable.

3. Automatización y análisis de datos

La complejidad puede manejarse con herramientas avanzadas de análisis y algoritmos que procesen grandes volúmenes de datos para detectar patrones, prever problemas y optimizar operaciones. Esto incluye el uso de inteligencia artificial para automatizar tareas rutinarias y dejar que los ingenieros se concentren en decisiones críticas.

4. Modelado y simulación

Antes de implementar un sistema complejo, es crucial modelar y simular su comportamiento en diferentes escenarios. Esto permite identificar potenciales fallos, analizar interacciones críticas y validar la viabilidad del diseño sin riesgos ni costos excesivos.

5. Colaboración interdisciplinaria

La gestión de la complejidad requiere integrar conocimientos de múltiples disciplinas. Reunir equipos con experiencia en ingeniería, informática, economía y otras áreas ayuda a abordar problemas desde diferentes perspectivas, promoviendo soluciones más innovadoras y completas.

6. Estrategias de escalabilidad

Diseñar sistemas que puedan crecer y adaptarse es esencial. Esto incluye anticiparse a futuros aumentos en la demanda o cambios en las condiciones operativas, garantizando que el sistema pueda expandirse sin perder eficiencia.

Estas estrategias permiten no solo manejar la complejidad inherente de los sistemas inteligentes, sino también aprovecharla como una oportunidad para innovar y mejorar su rendimiento en entornos dinámicos. La clave está en abordar la complejidad de manera estructurada, sin comprometer la funcionalidad y la sostenibilidad del sistema.

4 APLICACIONES EN EL MUNDO REAL

4.1. Sistemas inteligentes en la industria

Los sistemas inteligentes han revolucionado la industria, transformando procesos tradicionales en operaciones altamente eficientes, automatizadas y adaptativas. Gracias a tecnologías como la inteligencia artificial (IA), el Internet de las cosas (IoT) y el Big Data, las empresas pueden optimizar recursos, mejorar la productividad y responder ágilmente a las demandas del mercado.

Automatización de procesos

Una de las principales aplicaciones de los sistemas inteligentes en la industria es la automatización de procesos. Robots y sistemas automatizados realizan tareas repetitivas y precisas, reduciendo errores humanos y aumentando la producción. En líneas de ensamblaje, por ejemplo, los sistemas inteligentes supervisan cada etapa del proceso, ajustando parámetros en tiempo real para maximizar la eficiencia.

Mantenimiento predictivo

El mantenimiento predictivo es otra innovación clave. Utilizando sensores IoT y análisis basado en IA, los sistemas inteligentes monitorean constantemente el estado de equipos y maquinaria, detectando patrones que pueden indicar fallos inminentes. Esto permite planificar reparaciones antes de que ocurran interrupciones, minimizando tiempos de inactividad y costos.

Gestión eficiente de recursos

En la gestión de cadenas de suministro, los sistemas inteligentes han optimizado la logística y la planificación. Al analizar grandes volúmenes de datos, pueden prever demandas futuras, ajustar inventarios y optimizar rutas de transporte. Esto no solo reduce costos, sino que también disminuye el impacto ambiental mediante el uso más eficiente de recursos.

Personalización en tiempo real

En sectores como la manufactura y la producción, los sistemas inteligentes permiten la personalización masiva. Adaptan productos y servicios a las necesidades específicas de los clientes en tiempo real, ajustando las configuraciones de producción sin interrumpir las operaciones.

Impulso a la sostenibilidad

Además, los sistemas inteligentes contribuyen a la sostenibilidad en la industria. Supervisan el consumo de energía, identifican áreas de desperdicio y proponen soluciones para reducir emisiones y optimizar el uso de materiales.

Los sistemas inteligentes no solo representan un avance tecnológico, sino también un cambio de paradigma en la manera en que las industrias operan. Su capacidad para adaptarse, aprender y optimizar los procesos industriales posiciona a estas tecnologías como un pilar fundamental en la construcción de una industria más eficiente y sostenible.

4.2. Uso en ciudades inteligentes

Las ciudades inteligentes representan un modelo innovador de urbanismo en el que los sistemas inteligentes desempeñan un papel clave para mejorar la calidad de vida de los ciudadanos, optimizar el uso de recursos y promover la sostenibilidad. A través de la integración de tecnologías como inteligencia artificial (IA), Internet de las cosas (IoT) y análisis de Big Data, estas ciudades están transformando la forma en que funcionan y responden a los desafíos modernos.

Gestión del tráfico y transporte

Uno de los principales usos de los sistemas inteligentes en ciudades inteligentes es la gestión eficiente del tráfico. Sensores IoT instalados en semáforos y carreteras recopilan datos en tiempo real sobre el flujo vehicular. Estos datos se analizan mediante IA para optimizar los tiempos de los semáforos, reducir la congestión y mejorar la movilidad. Además, aplicaciones de transporte público integran información en tiempo real, permitiendo a los usuarios planificar rutas más rápidas y eficientes.

Monitoreo ambiental

Los sistemas inteligentes también se utilizan para monitorear la calidad del aire, el agua y otros factores ambientales. Sensores distribuidos en la ciudad recopilan datos que ayudan a detectar niveles elevados de contaminación y proponen medidas de mitigación. Este monitoreo constante permite a las ciudades implementar políticas más efectivas para proteger la salud pública y el medio ambiente.

Energía y sostenibilidad

En el ámbito energético, las ciudades inteligentes adoptan redes eléctricas inteligentes (smart grids) que optimizan la distribución y el consumo de energía. Los sistemas inteligentes controlan el uso de electricidad en edificios e infraestructuras públicas,

promoviendo la eficiencia energética y reduciendo el desperdicio. Además, se fomenta el uso de fuentes de energía renovable, como paneles solares y turbinas eólicas.

Seguridad y emergencias

Los sistemas inteligentes también fortalecen la seguridad en las ciudades inteligentes. Cámaras con IA pueden identificar comportamientos sospechosos, mientras que redes de sensores detectan incendios, inundaciones u otras emergencias en etapas tempranas. Esto permite a las autoridades actuar rápidamente y coordinar una respuesta eficaz.

Participación ciudadana

Finalmente, las plataformas digitales impulsadas por sistemas inteligentes facilitan la comunicación entre los ciudadanos y las autoridades locales. Aplicaciones móviles permiten reportar problemas urbanos, como baches o alumbrado público defectuoso, mientras que los gobiernos pueden informar a la población sobre eventos y medidas en tiempo real.

En conjunto, el uso de sistemas inteligentes en ciudades inteligentes no solo mejora la funcionalidad y sostenibilidad de los entornos urbanos, sino que también empodera a los ciudadanos, colocándolos en el centro de un ecosistema tecnológico diseñado para su bienestar.

4.3.   Salud, transporte y educación: casos de estudio

Los sistemas inteligentes han transformado áreas clave como la salud, el transporte y la educación, creando soluciones innovadoras que mejoran la eficiencia, la accesibilidad y la calidad de los servicios. A continuación, exploramos casos de estudio destacados en cada uno de estos sectores.

Salud: Diagnóstico basado en IA

En el ámbito de la salud, los sistemas inteligentes están revolucionando el diagnóstico médico. Un caso emblemático es el uso de la inteligencia artificial en el análisis de imágenes radiológicas. En hospitales de todo el mundo, algoritmos avanzados identifican anomalías en resonancias magnéticas y tomografías, detectando enfermedades como cáncer en etapas tempranas con una precisión superior a la del diagnóstico humano. Esto no solo acelera el tratamiento, sino que también reduce la carga laboral de los médicos y mejora los resultados para los pacientes.

Transporte: Movilidad inteligente

En el transporte, las ciudades como Singapur han implementado sistemas inteligentes para gestionar el tráfico urbano. Utilizando sensores IoT y análisis de datos en tiempo real, el sistema supervisa el flujo vehicular y ajusta automáticamente los semáforos para minimizar la congestión. Además, plataformas inteligentes de transporte público ofrecen información en tiempo real sobre horarios y rutas, optimizando la movilidad de millones de ciudadanos. Estos sistemas han reducido significativamente los tiempos de viaje y mejorado la calidad de vida.

Educación: Personalización del aprendizaje

En el campo educativo, los sistemas inteligentes han permitido personalizar el aprendizaje para estudiantes de diversas edades y contextos. Por ejemplo, plataformas como Khan Academy utilizan algoritmos de aprendizaje adaptativo para ajustar contenidos según el progreso y las necesidades de cada estudiante. Estas herramientas proporcionan una experiencia educativa individualizada, ayudando a los estudiantes a avanzar a su propio ritmo mientras reciben retroalimentación inmediata.

Impacto general

Estos casos de estudio destacan cómo los sistemas inteligentes están resolviendo problemas complejos y mejorando servicios en sectores esenciales. Desde salvar vidas en hospitales hasta transformar ciudades y empoderar a los estudiantes, estas tecnologías continúan moldeando un futuro más eficiente, conectado y equitativo. Su implementación responsable es clave para maximizar sus beneficios y enfrentar sus desafíos.

5 DESAFÍOS ÉTICOS Y DE SEGURIDAD

5.1.   Protección de datos en sistemas inteligentes

La protección de datos es un aspecto crítico en el diseño y operación de sistemas inteligentes, dado que estos procesan grandes volúmenes de información, incluidos datos sensibles y personales. Garantizar la privacidad, seguridad y confidencialidad de los datos no solo es una obligación legal, sino también un factor clave para ganar la confianza de los usuarios y prevenir riesgos asociados al uso indebido de la información.

Desafíos en la protección de datos

1. **Vulnerabilidades en la infraestructura**: Los sistemas inteligentes, que a menudo dependen de redes interconectadas, pueden ser objetivos de ciberataques. Esto incluye el acceso no autorizado, la alteración o la filtración de datos críticos.

2. **Privacidad de datos personales**: En aplicaciones como salud, transporte y ciudades inteligentes, se recopilan datos personales, lo que plantea riesgos de exposición de información confidencial si no se protege adecuadamente.

3. **Cumplimiento normativo**: Las regulaciones internacionales, como el Reglamento General de Protección de Datos (GDPR), exigen que las organizaciones adopten medidas estrictas para garantizar la privacidad y el control de los datos.

Estrategias para proteger los datos

1. **Cifrado avanzado**: El cifrado de extremo a extremo asegura que los datos estén protegidos tanto en tránsito como en reposo. Esto impide que actores malintencionados accedan a la información sin las credenciales adecuadas.

2. **Acceso controlado**: Implementar sistemas de autenticación multifactor y permisos basados en roles limita el acceso a los datos solo a personas autorizadas.

3. **Anonimización y pseudonimización**: Estas técnicas eliminan o reemplazan identificadores personales en los datos, reduciendo el riesgo de comprometer la privacidad del individuo.

4. **Monitorización continua**: Los sistemas de detección de intrusiones (IDS) y análisis en tiempo real permiten identificar y responder rápidamente a amenazas de seguridad.

5. **Auditorías regulares**: Evaluar periódicamente las políticas y prácticas de seguridad ayuda a identificar vulnerabilidades y a mantener los estándares actualizados.

Conciencia y responsabilidad

Además de las medidas técnicas, es fundamental fomentar una cultura de protección de datos entre todos los actores involucrados. Los usuarios, desarrolladores y administradores deben ser conscientes de los riesgos y responsabilidades asociados al manejo de la información.

En conclusión, la protección de datos en sistemas inteligentes no solo es un desafío técnico, sino también ético. Un enfoque proactivo y completo garantiza que estas tecnologías se utilicen de manera segura y respetuosa, protegiendo los derechos de los individuos en un mundo cada vez más digitalizado.

5.2. Ética en la toma de decisiones automatizada

La toma de decisiones automatizada, habilitada por sistemas inteligentes y algoritmos avanzados, está transformando diversos sectores al mejorar la eficiencia y precisión en procesos que antes requerían intervención humana. Sin embargo, esta capacidad plantea importantes cuestiones éticas que deben abordarse para garantizar que dichas decisiones sean responsables, transparentes y justas.

Transparencia y explicabilidad

Uno de los principales desafíos éticos es la falta de transparencia en cómo los algoritmos toman decisiones. Muchos sistemas automatizados, especialmente los basados en aprendizaje profundo, operan como "cajas negras", donde incluso los desarrolladores no comprenden completamente el proceso interno. La explicabilidad de los modelos es crucial, ya que permite a las partes interesadas entender y confiar en las decisiones tomadas por estos sistemas.

Sesgos y discriminación

Los sistemas automatizados pueden perpetuar o amplificar sesgos existentes en los datos con los que fueron entrenados. Por ejemplo, en procesos de selección de personal, un algoritmo podría discriminar inadvertidamente a ciertos grupos si los datos históricos contienen patrones de desigualdad. Garantizar que los algoritmos sean justos requiere análisis crítico de los datos y pruebas rigurosas para minimizar el sesgo.

Responsabilidad y rendición de cuentas

Cuando un sistema automatizado toma decisiones que afectan a individuos, surge la pregunta de quién es responsable en caso de error o daño. Es fundamental definir mecanismos claros de rendición de cuentas que asignen responsabilidades a los desarrolladores, operadores y usuarios del sistema.

Respeto por la privacidad

En muchos casos, la toma de decisiones automatizada se basa en datos personales sensibles. Es ético garantizar que estos datos se recopilen, almacenen y utilicen de manera responsable, respetando los derechos de privacidad de las personas.

Impacto social

El uso generalizado de decisiones automatizadas puede tener implicaciones sociales significativas, como la pérdida de empleo o la exclusión social. Es necesario considerar el impacto en las comunidades y garantizar que estas tecnologías beneficien a la sociedad en su conjunto, evitando desigualdades.

En conclusión, la toma de decisiones automatizada es una herramienta poderosa que debe diseñarse y desplegarse con un marco ético sólido. La transparencia, la equidad, la responsabilidad y la consideración de los impactos sociales son esenciales para garantizar que estas tecnologías sean utilizadas de manera justa y beneficiosa para todos.

5.3.   Sesgos y transparencia en sistemas basados en IA

Los sistemas basados en inteligencia artificial (IA) tienen el potencial de transformar industrias y mejorar procesos de toma de decisiones. Sin embargo, también enfrentan importantes desafíos relacionados con los sesgos y la falta de transparencia, que pueden tener consecuencias significativas en términos de equidad, confianza y eficacia.

Sesgos en los sistemas de IA

El sesgo en IA ocurre cuando los algoritmos producen resultados parciales o discriminatorios debido a las características de los datos con los que fueron entrenados. Algunas de las causas principales incluyen:

1. **Datos históricos con prejuicios inherentes**: Si los datos de entrenamiento reflejan desigualdades sociales o culturales, el sistema puede perpetuarlas. Por ejemplo, en aplicaciones de contratación, un modelo entrenado con datos sesgados puede favorecer a ciertos grupos en detrimento de otros.

2. **Diseño del modelo**: Las decisiones tomadas durante el desarrollo del modelo, como la selección de variables o métricas de evaluación, pueden introducir sesgos inadvertidos.

3. **Desbalance en los datos**: Si ciertos grupos están subrepresentados en los datos de entrenamiento, el sistema puede no reconocerlos o tratarlos de manera incorrecta.

Importancia de la transparencia

La transparencia es crucial para mitigar los riesgos asociados con los sesgos y para generar confianza en los sistemas basados en IA. Un sistema transparente permite a los usuarios entender cómo se toman las decisiones y qué factores influyen en ellas. Esto incluye:

1. **Explicabilidad**: Diseñar modelos que puedan explicar sus resultados de manera comprensible para humanos es esencial. Esto ayuda a detectar posibles sesgos y a tomar medidas correctivas.

2. **Auditorías y pruebas éticas**: Realizar evaluaciones periódicas de los sistemas de IA para identificar problemas de equidad, privacidad y precisión.

3. **Documentación clara**: Proporcionar información detallada sobre cómo se entrenó el modelo, qué datos se utilizaron y cuáles son sus limitaciones.

Estrategias para reducir los sesgos y aumentar la transparencia

1. **Recolección de datos inclusiva**: Asegurar que los datos utilizados para entrenar el sistema representen de manera equilibrada a todos los grupos relevantes.

2. **Evaluación de equidad**: Implementar métricas específicas para medir y corregir posibles desigualdades en los resultados del modelo.

3. **Participación interdisciplinaria**: Involucrar a expertos en ética, sociología y otras disciplinas para abordar el impacto social del sistema desde diferentes perspectivas.

En conclusión, abordar los sesgos y garantizar la transparencia en sistemas basados en IA es una responsabilidad crítica para desarrolladores y organizaciones. Estas prácticas no solo mejoran la calidad y la fiabilidad de los sistemas, sino que también contribuyen a construir un ecosistema tecnológico más equitativo y ético.

6 FUTURO DE LOS SISTEMAS INTELIGENTES

6.1.   Tendencias emergentes en tecnología

El panorama tecnológico global está en constante evolución, impulsado por avances innovadores que redefinen la forma en que interactuamos con el mundo y resolvemos problemas complejos. Las tendencias emergentes están moldeando industrias, transformando sociedades y abriendo nuevas posibilidades. A continuación, exploramos algunas de las más destacadas:

1. Inteligencia artificial generativa

La inteligencia artificial generativa, como los modelos capaces de crear texto, imágenes, música y más, está revolucionando sectores como el arte, el entretenimiento y el diseño. Estas tecnologías no solo amplían los límites de la creatividad, sino que también están optimizando procesos industriales y educativos, brindando herramientas más eficientes y personalizadas.

2. Computación cuántica

Aunque en etapas tempranas, la computación cuántica promete resolver problemas que son inalcanzables para los sistemas actuales. Con aplicaciones en criptografía, simulación molecular y optimización, esta tecnología tiene el potencial de transformar campos como la medicina, la logística y la inteligencia artificial.

3. Blockchain más allá de las criptomonedas

Si bien el blockchain es conocido por su uso en criptomonedas, su aplicación se extiende a sectores como la trazabilidad de productos, la gestión de contratos inteligentes y la seguridad de datos. Su capacidad para garantizar transparencia y confianza en transacciones lo convierte en una herramienta clave para el futuro.

4. Tecnologías verdes

La necesidad de enfrentar el cambio climático ha impulsado el desarrollo de tecnologías verdes, como paneles solares de próxima generación, baterías de larga duración y sistemas de captura de carbono. Estas innovaciones buscan equilibrar el crecimiento económico con la sostenibilidad ambiental.

5. Metaverso y realidad extendida

El metaverso combina realidad virtual (VR), realidad aumentada (AR) y espacios digitales para crear experiencias inmersivas. Este concepto está cambiando la manera en que trabajamos, socializamos y aprendemos, permitiendo conexiones más profundas en entornos virtuales.

6. Biotecnología avanzada

La biotecnología está alcanzando nuevas fronteras, como la edición genética con CRISPR, que permite modificar genes para tratar enfermedades. Además, avances en biología sintética están impulsando el desarrollo de materiales sostenibles y medicamentos personalizados.

7. Redes 6G

Aunque las redes 5G están en plena expansión, ya se están desarrollando tecnologías para las redes 6G, que prometen velocidades de transmisión aún mayores y capacidades revolucionarias para soportar dispositivos inteligentes y el Internet de las cosas.

Estas tendencias emergentes no solo impulsan la innovación tecnológica, sino que también transforman nuestra perspectiva sobre lo que es posible. Con un enfoque ético y sostenible, estas tecnologías tienen el potencial de abordar los desafíos más apremiantes del siglo XXI y construir un futuro más equitativo y conectado.

6.2.   Convergencia de sistemas inteligentes con la sociedad

La integración de sistemas inteligentes con la sociedad está transformando profundamente cómo vivimos, trabajamos y nos relacionamos. Esta convergencia no solo optimiza procesos y mejora la calidad de vida, sino que también redefine las dinámicas sociales, económicas y culturales, con implicaciones de gran alcance.

Conexión en tiempo real

Una de las características más notables de esta convergencia es la capacidad de los sistemas inteligentes para conectar a personas, dispositivos y servicios en tiempo real. Por ejemplo, en ciudades inteligentes, los ciudadanos interactúan con plataformas digitales que les permiten acceder a información, gestionar recursos y participar en la toma de decisiones urbanas. Esto fomenta una mayor participación comunitaria y un sentido de pertenencia colectiva.

Impacto en el mercado laboral

La adopción masiva de sistemas inteligentes está transformando el mercado laboral. Por un lado, automatizan tareas repetitivas, liberando a los trabajadores para que se concentren en actividades más creativas y estratégicas. Por otro lado, esta automatización genera desafíos, como la necesidad de reentrenar a la fuerza laboral para enfrentar las demandas de un mundo digitalizado. La educación y formación continua se convierten en pilares fundamentales para asegurar que las personas puedan adaptarse a esta nueva realidad.

Inclusión y equidad

Los sistemas inteligentes también ofrecen oportunidades para abordar desigualdades sociales. Herramientas educativas personalizadas pueden mejorar el acceso a la educación en comunidades marginadas, mientras que soluciones tecnológicas inclusivas permiten que personas con discapacidades participen activamente en la sociedad. Sin embargo, es crucial diseñar estas tecnologías teniendo en cuenta principios de equidad y justicia.

Retos éticos y culturales

La convergencia de los sistemas inteligentes con la sociedad también plantea retos éticos, como la protección de la privacidad, la equidad en el acceso a la tecnología y la alineación de estas innovaciones con los valores culturales locales. Abordar estos desafíos requiere un enfoque colaborativo entre gobiernos, empresas, académicos y ciudadanos.

En conclusión, la convergencia de sistemas inteligentes con la sociedad representa una oportunidad única para transformar positivamente nuestras vidas. Sin embargo, su éxito dependerá de cómo enfrentemos los desafíos éticos, tecnológicos y sociales que surgen en el proceso, asegurando que estas tecnologías beneficien a toda la humanidad.

6.3.   Explorando los límites de la innovación

La innovación es el motor del progreso, y constantemente empuja los límites de lo que se considera posible. En un mundo impulsado por la tecnología y las ideas disruptivas, explorar estos límites implica aventurarse en territorios desconocidos, asumir riesgos calculados y redefinir las fronteras del conocimiento humano.

Innovación radical frente a incremental

Mientras que la innovación incremental se enfoca en mejorar gradualmente tecnologías y procesos existentes, la innovación radical desafía las normas establecidas, introduciendo conceptos completamente nuevos que transforman sectores enteros. Ejemplos notables incluyen la aparición de tecnologías como la inteligencia artificial avanzada, la computación cuántica y la biología sintética, las cuales están reconfigurando industrias y estilos de vida.

Convergencia interdisciplinaria

Uno de los factores clave para empujar los límites de la innovación es la colaboración entre disciplinas. Las fronteras entre campos como la biología, la ingeniería, la informática y la física se están desdibujando, dando lugar a avances como prótesis impulsadas por IA o materiales autorreparables inspirados en organismos vivos. Esta convergencia fomenta soluciones integrales que abordan problemas complejos desde múltiples perspectivas.

El papel de la creatividad

La creatividad humana sigue siendo esencial en la exploración de nuevas fronteras. Aunque los sistemas inteligentes pueden analizar grandes volúmenes de datos y generar ideas, es la capacidad humana para cuestionar suposiciones y visualizar posibilidades lo que impulsa la verdadera innovación. Fomentar una cultura de pensamiento creativo es clave para desbloquear el potencial de las nuevas tecnologías.

Desafíos éticos y sostenibles

Explorar los límites de la innovación también exige una reflexión ética y sostenible. Por ejemplo, el desarrollo de tecnologías como la inteligencia artificial debe equilibrar la eficiencia con el respeto por los derechos humanos. Del mismo modo, es esencial que las innovaciones no solo beneficien a unos pocos, sino que sean accesibles y sostenibles para toda la humanidad.

El futuro de la exploración

A medida que avanzamos hacia territorios inexplorados, la curiosidad y la colaboración seguirán siendo los pilares de la innovación. Desde la exploración espacial hasta el desarrollo de energías limpias, las posibilidades son infinitas. Al adoptar una mentalidad abierta y responsable, podemos continuar expandiendo las fronteras del conocimiento y construyendo un futuro que antes parecía inimaginable.

7 CONCLUSIONES Y RECOMENDACIONES

7.1.   Lecciones aprendidas

El desarrollo e implementación de sistemas inteligentes han proporcionado valiosas lecciones que no solo guían la creación de tecnologías más eficaces, sino que también destacan la importancia de abordar los desafíos éticos, técnicos y sociales asociados. Estas lecciones subrayan cómo maximizar los beneficios de estas tecnologías y mitigar posibles riesgos.

1. La importancia de los datos de calidad

Una de las principales lecciones aprendidas es que la calidad de los datos es tan crucial como los algoritmos que los procesan. Datos incompletos, sesgados o mal estructurados pueden comprometer el desempeño y la fiabilidad de un sistema inteligente. Esto enfatiza la necesidad de recopilar, limpiar y supervisar datos de manera rigurosa antes de entrenar cualquier sistema.

2. Diseño centrado en las personas

El diseño de sistemas inteligentes debe centrarse en satisfacer las necesidades de los usuarios. Sistemas que no son intuitivos, accesibles o que no consideran las realidades sociales y culturales pueden fracasar en su adopción. Escuchar a los usuarios y diseñar soluciones que resuelvan problemas específicos es clave para garantizar el éxito.

3. La transparencia genera confianza

La falta de transparencia en cómo funcionan los sistemas inteligentes puede generar desconfianza entre los usuarios. Lecciones previas han demostrado que explicar de manera clara y sencilla los procesos y limitaciones de un sistema es esencial para construir confianza y promover su aceptación.

4. Adaptabilidad en un entorno cambiante

El rápido avance de la tecnología y los cambios en las demandas de la sociedad requieren que los sistemas inteligentes sean adaptables. El aprendizaje continuo y la capacidad de actualizarse son características imprescindibles para que estos sistemas sigan siendo relevantes con el tiempo.

5. La ética no es negociable

Otro aprendizaje clave es que los sistemas inteligentes deben diseñarse con un marco ético sólido. Ignorar aspectos éticos, como la privacidad de los datos, la equidad y la inclusión, puede tener consecuencias negativas significativas. Adoptar prácticas éticas desde el inicio no solo evita problemas futuros, sino que también asegura que las tecnologías beneficien a la sociedad de manera equilibrada.

6. La colaboración es esencial

Finalmente, desarrollar sistemas inteligentes exitosos requiere una colaboración interdisciplinaria. Ingenieros, científicos de datos, expertos en ética y usuarios deben trabajar juntos para crear soluciones completas y efectivas.

En resumen, estas lecciones no solo iluminan el camino hacia el diseño de tecnologías más responsables y efectivas, sino que también sirven como recordatorio de que la innovación debe siempre estar acompañada de responsabilidad y visión social. Solo así los sistemas inteligentes podrán cumplir su promesa de transformar positivamente el mundo.

7.2.   El papel de la ingeniería en la construcción del futuro

La ingeniería desempeña un rol fundamental en la creación de un futuro sostenible, innovador y equitativo. Como disciplina que combina ciencia, tecnología y creatividad, la ingeniería no solo resuelve problemas actuales, sino que también anticipa y aborda los desafíos que enfrentarán las generaciones venideras.

Innovación para el progreso

La ingeniería impulsa la innovación al desarrollar tecnologías que transforman industrias y mejoran la vida cotidiana. Desde avances en inteligencia artificial y robótica hasta energías renovables y biotecnología, los ingenieros están a la vanguardia de la creación de soluciones que responden a las necesidades de un mundo cambiante. Por ejemplo, el desarrollo de baterías de alta capacidad está revolucionando la movilidad eléctrica y reduciendo la dependencia de combustibles fósiles.

Sostenibilidad como prioridad

En un contexto global marcado por el cambio climático y la escasez de recursos, la ingeniería tiene la responsabilidad de promover el desarrollo sostenible. Los ingenieros diseñan infraestructuras verdes, optimizan procesos industriales y crean tecnologías que minimizan el impacto ambiental. Desde la construcción de edificios energéticamente eficientes hasta sistemas de tratamiento de agua, la ingeniería contribuye activamente a proteger el medio ambiente.

Inclusión y accesibilidad

El futuro debe ser accesible para todos, y la ingeniería juega un papel crucial en garantizar la inclusión social. Tecnologías como prótesis avanzadas, dispositivos para personas con discapacidades y herramientas educativas inclusivas son ejemplos de cómo la ingeniería puede empoderar a comunidades tradicionalmente marginadas.

Anticipación de desafíos globales

La ingeniería también se enfoca en prever y mitigar riesgos asociados a desastres naturales, pandemias y conflictos globales. Sistemas inteligentes de alerta temprana, estructuras resistentes a terremotos y tecnologías médicas avanzadas son solo algunas de las contribuciones que los ingenieros realizan para crear un mundo más resiliente.

Educación y ética

Finalmente, el papel de la ingeniería en el futuro no puede separarse de la educación y la ética. Formar a nuevas generaciones de ingenieros con principios éticos sólidos y habilidades interdisciplinarias garantizará que las soluciones tecnológicas beneficien a la humanidad de manera equitativa.

En resumen, la ingeniería no solo construye puentes, edificios y máquinas; construye oportunidades, progreso y esperanza. Es el vínculo entre las ideas visionarias de hoy y las realidades transformadoras del mañana.

7.3. Reflexiones finales

A lo largo de este viaje a través de la Ingeniería de Sistemas y los sistemas inteligentes, hemos explorado su impacto, desafíos y promesas en un mundo cada vez más interconectado y dinámico. Estas tecnologías no son solo herramientas; son fuerzas transformadoras que están moldeando la manera en que vivimos, trabajamos y resolvemos problemas complejos. Sin embargo, su verdadero potencial radica en la forma en que se diseñan, implementan y adoptan con responsabilidad y visión.

Uno de los temas centrales es la necesidad de equilibrio: equilibrio entre la innovación y la ética, la eficiencia y la equidad, y el avance tecnológico y la sostenibilidad. Los sistemas inteligentes nos brindan oportunidades extraordinarias para optimizar procesos, mejorar la calidad de vida y abordar desafíos globales, pero también plantean preguntas fundamentales sobre privacidad, transparencia y el impacto en las sociedades. Reflexionar sobre estos aspectos es esencial para garantizar que estas tecnologías beneficien a todos.

Además, hemos aprendido que el éxito de estos sistemas no depende solo de algoritmos avanzados o tecnologías sofisticadas, sino también de la colaboración interdisciplinaria, la inclusión de perspectivas diversas y el compromiso con principios éticos sólidos. La ingeniería no solo debe buscar soluciones técnicas, sino también construir un puente hacia un futuro más equitativo y sostenible.

En última instancia, el desarrollo y la integración de sistemas inteligentes representan un esfuerzo colectivo que exige visión, creatividad y responsabilidad. Cada innovación, por pequeña que sea, tiene el poder de contribuir a un cambio significativo. Por eso, la verdadera medida del progreso no radica únicamente en lo que las tecnologías pueden hacer, sino en cómo las utilizamos para mejorar el mundo que compartimos.

Estas reflexiones finales no solo cierran un capítulo, sino que también abren la puerta a nuevas posibilidades, desafíos y sueños. El futuro de los sistemas inteligentes está en nuestras manos, y su potencial para transformar la humanidad depende de las elecciones que hagamos hoy.

ACERCA DEL AUTOR

Luis Rivera, un apasionado académico con una sólida formación en ingeniería de sistemas e infomática destacado por su capacidad para abordar temas complejos desde una perspectiva interdisciplinaria. Su dedicación al aprendizaje y su enfoque metódico lo han llevado a explorar profundamente las innovaciones tecnológicas, siempre con el objetivo de conectar ideas y construir soluciones prácticas para los retos del futuro.

Además de ser un estudioso comprometido, Luis combina su interés por la creatividad con su experiencia técnica. Este libro refleja su deseo de contribuir significativamente a la comprensión y desarrollo de sistemas inteligentes, un campo que, según él, representa la fusión perfecta entre teoría y práctica.

Como autor, aspira a inspirar a otros, no solo a explorar el mundo de la tecnología, sino también a pensar críticamente sobre el impacto social y ético de la innovación.

Cuando no está inmerso en el estudio o la escritura, Luis disfruta reflexionando sobre las intersecciones entre economía, ingeniería y el impacto de la tecnología en la sociedad.

Este libro es una muestra de su compromiso por compartir conocimiento y crear un puente entre la academia, la industria y la vida cotidiana.

Es, en definitiva, un ingeniero de ideas y arquitecto de posibilidades para el futuro.